Zwergenstübchen

Backen für Freunde

Kaufmann Verlag

Backen für Freunde – köstliche Zwergenstübchen Backrezepte

Das Zwergenstübchen möchte Ihnen mit diesem Buch „Backen für Freunde" viele Anregungen geben, wie Sie Ihre Gäste mit Selbstgebackenem verwöhnen können. Es erwarten Sie, liebe Zwergenstübchenfreunde, süße und pikante, gut schmeckende Backrezepte. Die Zwerge haben für Sie u.a. feine Küchlein, Waffeln, Gebäck und köstliche Kuchen gebacken. Probieren Sie doch einfach die leckeren Rezepte aus und bestimmt werden Sie davon so begeistert sein, dass Sie aus diesem Buch immer wieder gerne für Ihre Familie und Freunde backen. Das Zwergenstübchen wünscht Ihnen viel Freude beim Ausprobieren der Backrezepte und schöne Stunden im Freundeskreis. Vielleicht steht schon bald unsere Zwergenstübchen-Kostprobe auf Ihrem Tisch.

Elke und Timo Schuster

Zwergenstübchens-Kostprobe

450 g Blätterteig rechteckig auswellen und auf ein kalt abgespültes Backblech geben. Die Teigplatte nacheinander mit 300 g grob geriebenem Hartkäse, 250 g Schinkenstreifen sowie 500 g blättrig geschnittenen Champignons belegen. 3 Eier, 1 Tasse Milch, etwas Salz, Pfeffer und geriebene Muskatnuss verquirlen, über den Belag gießen. Zum Schluss gut mit Rosmarin bestreuen. Im vorgeheizten Backofen bei 200 Grad ca. 30 Minuten backen.

Das Zwergenstübchen wünscht einen Guten Appetit!

ZWERGENGEBÄCK

Zutaten:

Teig:

250 g Mehl

1 1/2 Teelöffel Backpulver

1 Teelöffel Kräutersalz

150 g Butter

250 g Quark

1 Esslöffel Wasser

Füllung:

1 Zwiebel

etwas Butter

500 g Champignons

etwas Salz und

Pfeffer

1 Bund Petersilie

1 Ei zum Bestreichen

Zubereitung:
Alle Teigzutaten zu einem glatten Teig kneten. Diesen mit Folie abdecken, eine Stunde kaltstellen. Für die Füllung kleingewürfelte Zwiebel in heißer Butter glasig dünsten. Blättrig geschnittene Champignons dazugeben, ebenfalls mitdünsten und würzen. Anschließend feingehackte Petersilie untermischen. Den Teig auf einer bemehlten Arbeitsfläche dünn auswellen. Danach Kreise von 10 - 12 cm Ø ausstechen.

Jeweils in die Mitte der unteren Kreishälfte etwas von der abgekühlten Füllung geben. Leicht geschlagenes Eiweiß auf jeden Kreisrand streichen, danach halbkreisförmig zusammenklappen, die Ränder gut andrücken. Das gefüllte Gebäck auf ein gefettetes Backblech legen, mit etwas Wasser verquirltem Eigelb bestreichen. Im vorgeheizten Backofen bei 200 Grad ca. 20 Minuten backen.

Kräuter-Käse-Toast

Eine kleingeschnittene Zwiebel,
350 g gewürfelter Lachsschinken,
2 1/2 Becher Crème fraîche,
100 g geriebener Hartkäse vermischen,
mit Salz und Pfeffer würzen.
Anschließend 1 Bund Petersilie fein hacken,
unterrühren.
12 Toastbrot-Scheiben damit bestreichen,
etwa 50 g geriebener Hartkäse
darüberstreuen.
Die Brote auf ein gefettetes Backblech legen.
Im vorgeheizten Backofen bei 200 Grad
ca. 15 Minuten überbacken. Vor dem
Servieren Schnittlauchröllchen auf den
Kräuter-Käse-Toasts verteilen.

KÄSEHÖRNCHEN

Zutaten:

Teig:

250 g Quark
3 Esslöffel Milch
6 Esslöffel Öl
1 Teelöffel Kräutersalz
300 g Mehl
1 Päckchen Backpulver

Füllung:

150 g Gouda
(in Scheiben geschnitten)
1 Bund Petersilie

1 Eigelb zum Bestreichen
Sesam zum Bestreuen

Zubereitung:

Quark, Milch, Öl, Salz verrühren, das mit Backpulver vermischte Mehl einarbeiten und zu einem glatten Teig kneten, kaltstellen. Danach den Teig auf einer bemehlten Arbeitsfläche rechteckig dünn auswellen. Aus der Teigplatte Dreiecke schneiden. Diese mit Käse belegen, darüber feingehackte Petersilie geben. Die Dreiecke zur Spitze hin aufrollen und auf ein gefettetes Backblech setzen. Die Hörnchen mit etwas Wasser verquirltem Eigelb bestreichen, Sesam darüberstreuen. Im vorgeheizten Backofen bei 200 Grad ca. 15 Minuten backen.

TOMATENKUCHEN

Zutaten:

Teig:
250 g Mehl
125 g Butter
$^1/_2$ Teelöffel Salz
1 Ei
2 Esslöffel Wasser

Belag:
etwas mittelscharfer Senf
300 g gekochter Schinken
300 g geriebener Hartkäse
750 g Tomaten

Zubereitung:
Alle Teigzutaten zu einem Mürbteig verarbeiten, kaltstellen. Anschließend den Teig auf einer bemehlten Arbeitsfläche auswellen, in eine gefettete Springform geben. Boden und Rand mit Senf bestreichen, danach schichtweise den Belag einfüllen.

Zuerst den in feine Streifen geschnittenen Schinken, über diesen etwa 150 g Käse gleichmäßig verteilen, darauf die gehäuteten, in Scheiben geschnittenen Tomaten legen und mit dem restlichen Käse abdecken. Im vorgeheizten Backofen bei 200 Grad ca. 45 Minuten backen.

CHAMPIGNONKUCHEN

Zutaten:
4 Scheiben Tiefkühl-Blätterteig
250 g Hartkäse
400 g Champignons
1 Zwiebel
2 Paprikaschoten
1 Bund Petersilie
$^{1}/_{2}$ Bund Schnittlauch
etwas Salz und Pfeffer
3 Eier

Zubereitung:
Die aufgetauten Blätterteig-Scheiben auf einer bemehlten Arbeitsfläche rund auswellen, in eine Springform legen. Käse, Champignons, Zwiebel, Paprika klein schneiden und vermischen. Danach die feingehackte Petersilie sowie Schnittlauchröllchen dazugeben. Mit den Gewürzen abschmecken. Das Gemüse gleichmäßig auf dem Blätterteig verteilen. Anschließend die verquirlten Eier darübergießen. Im vorgeheizten Backofen bei 200 Grad ca. 60 Minuten backen.

KRÄUTER-ZUCCHINI-QUICHE

Zutaten:

Teig:
225 g Mehl
50 g gemahlene Mandeln
150 g Butter
1/2 Teelöffel Salz
1 Ei

Belag:
1 Zwiebel
etwas Olivenöl
600 g Zucchini
150 g geriebener Hartkäse
1/2 Bund Petersilie
etwas Basilikum und Majoran (frisch oder getrocknet)
3 Eier
1/4 l Milch
etwas Kräutersalz und Pfeffer

Hülsenfrüchte zum Blindbacken

Zubereitung:

Alle Teigzutaten zu einem Mürbteig verarbeiten, kaltstellen. Diesen auf einer bemehlten Arbeitsfläche auswellen, in eine gefettete Quicheform geben. Den Teigboden mit Pergamentpapier abdecken, Hülsenfrüchte darauf legen. Im vorgeheizten Backofen bei 200 Grad ca. 10 Minuten blind backen. Papier und Hülsenfrüchte entfernen, weitere 5 Minuten backen. Währenddessen den Belag zubereiten. Kleingewürfelte Zwiebel in heißem Öl glasig dünsten, Zucchinischeiben zufügen, kurz mitdünsten.

Das abgekühlte Gemüse auf dem Quicheboden verteilen, mit etwa 100 g Käse sowie den feingehackten Kräutern bestreuen. Eier und Milch verquirlen, restlichen Käse, Salz, Pfeffer unterrühren, über die Quiche gießen. Bei 160 Grad ca. 45 Minuten fertig backen.

PIKANTE ZWERGEN-BISKUITS

Zutaten:
6 Eigelb
1/2 Becher süße Sahne
200 g Mehl
1 Messerspitze Backpulver
150 g geriebener Hartkäse
etwas Kräutersalz, Pfeffer
und geriebene Muskatnuss
1 Bund Petersilie
150 g roher Schinken
6 Eiweiß

Zubereitung:
Eigelb und Sahne verquirlen. Das mit Backpulver vermischte Mehl einrühren. Nacheinander Käse, Gewürze, feingehackte Petersilie, kleine Schinkenwürfel dazugeben, gut vermischen. Das steifgeschlagene Eiweiß unterziehen. Den Teig auf ein mit Back-Trennpapier ausgelegtes Backblech streichen.

Im vorgeheizten Backofen bei 200 Grad etwa 25 Minuten backen. Danach den Biskuit stürzen, das Back-Trennpapier entfernen und in beliebige Stücke schneiden z.B. in Streifen, Rauten, Würfel, Rechtecke. Die pikanten Zwergen-Biskuits schmecken warm und kalt gut.

HACKFLEISCHKUCHEN

Zutaten:

Teig:

250 g Mehl
1/2 Würfel Hefe
1/2 Teelöffel Zucker
1/8 l lauwarme Milch
1/2 Teelöffel Salz
50 g Butter

Belag:

1 Zwiebel
etwas Öl
1 Paprikaschote
225 g Pilze
250 g gemischtes Hackfleisch
1 Bund Petersilie
etwas Salz, Pfeffer und Majoran
150 g geriebener Hartkäse

Zubereitung:

Aus den Teigzutaten einen Hefeteig herstellen. Diesen so lange gehen lassen bis er sich verdoppelt hat. Für den Belag die kleinen Zwiebelwürfel in heißem Öl glasig dünsten. Nacheinander Paprikastreifen, blättrig geschnittene Pilze, Hackfleisch, feingehackte Petersilie dazugeben, ebenfalls mitdünsten, gut würzen.

Den Teig auf einer bemehlten Arbeitsfläche auswellen und in eine gefettete Kuchenform legen. Den etwas abgekühlten Hackfleischbelag gleichmäßig darauf verteilen. Zum Schluss mit Käse bestreuen. Im vorgeheizten Backofen bei 180 Grad ca. 30 Minuten backen.

FESTTALER

Zutaten:

Teig:
225 g Mehl
$^1/_2$ Päckchen Backpulver
80 g Butter
etwas Salz
2 Eigelb
100 g geriebener Hartkäse
100 ml Wasser

Milch zum Bestreichen
30 g geriebener Hartkäse zum Bestreuen
1 rundes oder rundgewelltes Ausstecherförmchen 5-6 cm Ø

Zubereitung:

Alle Teigzutaten zu einem Mürbteig verarbeiten, kaltstellen. Anschließend den Teig auf einer bemehlten Arbeitsfläche etwa 1 $^1/_2$ cm dick auswellen und Kreise ausstechen. Diese auf ein mit Back-Trennpapier ausgelegtes Backblech setzen. Die Plätzchen mit Milch bestreichen und Käse darüberstreuen. Im vorgeheizten Backofen bei 225 Grad ca. 15 Minuten backen.

MÖHRENKÜCHLEIN

Zutaten:
150 g Butter
150 g Zucker
3 Eier
250 g Mehl
$^{3}/_{4}$ Päckchen Backpulver
50 g Grieß
$^{1}/_{2}$ Teelöffel Zimt
50 g gemahlene Mandeln
200 ml Buttermilch
200 g geriebene Möhren

Papierbackförmchen

Zubereitung:
Butter schaumig schlagen. Abwechselnd Zucker, Eier dazugeben, gut rühren. Mehl, Backpulver, Grieß, Zimt, Mandeln vermischen, nach und nach zusammen mit der Buttermilch in die Schaummasse einrühren. Zum Schluss die Möhren unterheben. Den Teig in Papierbackförmchen füllen. Im vorgeheizten Backofen bei 200 Grad ca. 25 Minuten backen. Die ausgekühlten Küchlein können mit Puderzucker bestäubt und Marzipanmöhren verziert werden.

PFIRSICHKUCHEN

Zutaten:
100 g Butter
150 g Zucker
1 Päckchen Vanillezucker
2 Eier
200 g Mehl
$^{1}/_{2}$ Päckchen Backpulver
100 ml Milch
30 g Butter
50 g Zucker
100 g gemahlene Mandeln
1 Dose Pfirsiche

Zubereitung:
Aus Butter, Zucker, Vanillezucker, Eier, Mehl mit Backpulver vermischt und Milch einen Rührteig herstellen. Eine Springform mit Pergamentpapier auslegen, zerlassene Butter eingießen und den Boden damit bestreichen. Darauf gleichmäßig den Zucker verteilen, gemahlene Mandeln darüberstreuen. Die abgetropften Pfirsiche mit der gewölbten Seite nach unten auf die Mandelschicht legen. Dabei beachten, dass die Pfirsiche etwa $^{1}/_{2}$ cm Abstand zum Springformrand haben. Den Rührteig einfüllen, glatt streichen. Im vorgeheizten Backofen bei 175 Grad ca. 55 Minuten backen. Den Kuchen etwa 10 Minuten in der Form auskühlen lassen, danach stürzen und das Pergamentpapier entfernen.

PREISELBEER-ZIMTTORTE

Zutaten:

Teig:
4 Eiweiß
1 Prise Salz
125 g Puderzucker
4 Eigelb
75 g Mehl
50 g Speisestärke
1 Messerspitze Backpulver
2 Esslöffel Zimt

Belag:
3 Becher süße Sahne
2 Päckchen Vanillezucker
3 Päckchen Sahnesteif
400 g Preiselbeeren
Schokoraspel

Zubereitung:
Den Puderzucker in das mit Salz steifgeschlagene Eiweiß einrieseln lassen. Nach und nach die Eigelb dazugeben. Das Ganze so lange rühren bis eine cremige Masse entstanden ist. Mehl, Speisestärke, Backpulver, Zimt vermischen, über die Schaummasse sieben und unterheben. Nun den Biskuit im vorgeheizten Backofen bei 200 Grad ca. 25 Minuten backen. Diesen gut auskühlen lassen, danach einmal in der Mitte quer durchschneiden. Für den Belag Sahne, Vanillezucker, Sahnesteif schlagen. Die Preiselbeeren unter etwa $^2/_3$ der Sahne heben. Den Tortenring um einen Biskuitboden legen. Preiselbeersahne gleichmäßig auftragen, mit zweitem Boden abdecken. Etwas Sahne über die Tortenoberfläche streichen, kaltstellen. Anschließend restliche Sahne dekorativ aufspritzen und mit Schokoraspel verzieren.

KIRSCHKUCHEN

Zutaten:

Teig:

400 g Mehl
1 Würfel Hefe
80 g Zucker
1 Ei
200 ml lauwarme Milch
80 g Butter

Belag:

4 Gläser Sauerkirschen
100 g Zucker
3 Eier
2 Becher saure Sahne
1/2 Teelöffel Zimt
100 g gehobelte Mandeln

Zubereitung:

Aus den Teigzutaten einen Hefeteig herstellen. Diesen so lange gehen lassen bis er sich verdoppelt hat. Anschließend auf einer bemehlten Arbeitsfläche auswellen und auf ein gefettetes Backblech geben. Nun den Boden mit Kirschen belegen. Zucker, Eier, Sahne, Zimt gut verrühren, über die Kirschen gießen, gehobelte Mandeln darauf verteilen. Im vorgeheizten Backofen bei 200 Grad ca. 40 Minuten backen.

FEINER ZWERGENKUCHEN

Zutaten:

Teig:

225 g Mehl

1 Teelöffel Backpulver

80 g Zucker

1 Ei

125 g Butter

Belag:

1/2 l Milch

2 Päckchen Vanillepuddingpulver

150 g Zucker

3 Becher Schmand

2 Dosen Tortenpfirsich-Schnitten

Zubereitung:

Alle Teigzutaten zu einem Mürbteig verarbeiten, kaltstellen. Für den Belag einen Pudding nach Packungsanweisung aus Milch, Puddingpulver, Zucker kochen. Nach dem Abkühlen den Schmand unterrühren. Auf einer bemehlten Arbeitsfläche den Teig auswellen, in eine gefettete Springform legen. Die abgetropften Pfirsich-Schnitten auf dem Teigboden verteilen und mit der Pudding-Schmandmasse abdecken. Im vorgeheizten Backofen bei 200 Grad etwa eine Stunde backen. Den gebackenen Kuchen nach ca. 30 Minuten aus der Form nehmen und auf ein Kuchengitter geben.

KLEINE KRÄUTERFLADEN

Zutaten:
500 g Mehl
1 Würfel Hefe
1 Teelöffel Zucker
2 Teelöffel Knoblauchsalz
4 Esslöffel Kräuter der Provence
300 ml lauwarmes Wasser
5 Esslöffel Olivenöl

Zubereitung:
Aus den Teigzutaten einen Hefeteig zubereiten, so lange gehen lassen bis er sich verdoppelt hat. Anschließend den Teig zu zehn kleinen ca. 1 cm dicken und etwa 12 cm runden Fladen auswellen. Diese auf zwei gefettete mit Mehl bestäubte Backbleche setzen. Kleine Vertiefungen mit dem Kochlöffelstiel eindrücken. Zum Schluss etwas Olivenöl darüber streichen. Im vorgeheizten Backofen bei 180 Grad ca. 20 Minuten backen.

Gerne werden die kleinen Kräuterfladen gleich nach dem Backen gegessen. Als Beilage empfehlen wir Schafskäse und Oliven, ebenso Knoblauch- sowie Tomaten-Paprikabutter. Besonders gut schmecken auch die überbackenen Kräuterfladen.

Knoblauchbutter
125 g Butter mit 2 Teelöffel Knoblauchsalz cremig rühren, danach kaltstellen.

Tomaten-Paprikabutter
125 g Butter cremig rühren. In diese 2 Teelöffel Paprikapulver, etwas Salz und Pfeffer sowie eine ganz fein geschnittene Tomate einarbeiten, kaltstellen.

Überbackene Kräuterfladen
Fladenbrote in der Mitte quer durchschneiden, mit Knoblauchbutter bestreichen. Auf jede Hälfte etwas von den feingeschnittenen Zwiebeln geben. Darüber eine halbe bis eine Scheibe gekochten Schinken legen und mit geriebenem Hartkäse bestreuen (insgesamt etwa 200 g). Im vorgeheizten Backofen bei 200 Grad ca. 15 Minuten backen.

Das Zwergenfest ist zwar zu Ende,
aber noch lange nicht das Backen für Freunde!

Schoko-Kuchen

Zutaten:

250 g Butter, 200 g Zucker, 1 Päckchen Vanillezucker, 5 Eier, 200 g Mehl, 50 g Speisestärke, 1/2 Päckchen Backpulver, 100 g gemahlene Mandeln, 100 g kleingeschnittene Schokolade

Zubereitung:

Aus den Teigzutaten einen Rührteig zubereiten. Zum Schluss gemahlene Mandeln und Schokoladenstückchen unter den Teig mischen. Diesen in eine gefettete, mit Semmelbrösel ausgestreute Gugelhupfform füllen. Im vorgeheizten Backofen bei 175 Grad ca. 1 Stunde backen.

STREUSELCHEN

Zutaten:

Streusel:
150 g kalte Butter
150 g Zucker
200 g Mehl
2 Esslöffel Kakao

Teig:
125 g Butter
125 g Zucker
1 Päckchen Vanillezucker
2 Eier
375 g Mehl
1 Päckchen Backpulver
220 ml Milch

Zubereitung:

Kleingeschnittene Butter mit Zucker, Mehl, Kakao verkneten und zu Streusel zerkrümeln, kaltstellen. Anschließend alle Teigzutaten zu einem Rührteig verarbeiten. Diesen in eine gefettete Springform füllen, darüber die Streusel verteilen. Im vorgeheizten Backofen bei 200 Grad ca. 45 Minuten backen. Der ausgekühlte Kuchen kann noch mit Puderzucker bestäubt werden.

Das gute Streuselchen ist ein Lieblingskuchen unserer Zwergenstübchenkinder und deren Freunde.

APFEL-MARZIPANKUCHEN

Zutaten:

Teig:
250 g Mehl
1/2 Teelöffel Backpulver
80 g Zucker
1 Päckchen Vanillezucker
1 Ei
100 g Butter
1 Esslöffel Wasser

Belag:
500 g Äpfel
100 g gemahlene Mandeln
1 Esslöffel Rosenwasser
120 g Marzipanrohmasse
300 ml Milch
1/2 Päckchen Vanillepuddingpulver
125 g Zucker
4 Eier

Zubereitung:

Die Teigzutaten zu einem Mürbteig verarbeiten, kaltstellen. Geschälte Äpfel vierteln, Kerngehäuse herausschneiden, anschließend in ca. 1/2 cm dicke Scheiben schneiden. Mandeln, Rosenwasser zufügen und vermischen. Marzipanstückchen mit einigen Löffeln Milch cremig rühren. Puddingpulver, Zucker, etwas Milch glatt rühren, in der restlichen heißen Milch zusammen mit der Marzipancreme aufkochen. Diese abkühlen lassen, nach und nach Eier unterrühren. Den ausgewellten Teig in eine gefettete Springform legen. Zuerst alle Apfelscheiben einschichten, darauf die Puddingmasse verteilen. Im vorgeheizten Backofen bei 190 Grad ca. 60 Minuten backen.

KÖSTLICHER KÄSEKUCHEN

Zutaten:
1 kg Schichtkäse
1 Becher Schmand
$^{1}/_{2}$ Becher süße Sahne
230 g Zucker
1 Päckchen Vanillezucker
6 Eigelb
75 g Speisestärke
100 g Butter
6 Esslöffel Dosenmilch
6 Eiweiß

Zubereitung:
Gut abgetropfter Schichtkäse, Schmand und süße Sahne verrühren. Abwechselnd Zucker, Vanillezucker, Eigelb dazugeben, schaumig schlagen. Anschließend Speisestärke, zerlassene Butter, Dosenmilch einrühren. Zum Schluss Eischnee unterziehen. Den Boden einer gefetteten Springform mit Back-Trennpapier auslegen, die Teigmasse einfüllen. Im vorgeheizten Backofen bei 180 Grad ca. 1 Stunde backen. Nach 20 Minuten Backzeit mit einem Messer am Springformrand entlang fahren (um den Teig zu lösen). Der fertig gebackene Kuchen sollte im ausgeschalteten Backofen 1 Stunde stehen bleiben. Danach aus dem Ofen nehmen und zum Auskühlen noch etwa 3 Stunden in der Form lassen.

ROTER BEERENKUCHEN

Zutaten:

Teig:

3 Eigelb
3 Esslöffel lauwarmes Wasser
100 g Puderzucker
1 Päckchen Vanillezucker
3 Eiweiß
50 g Mehl
50 g Speisestärke
$^1/_2$ Teelöffel Backpulver

Belag:

700 g Johannisbeeren
100 g Zucker
(Saft aufheben für Belag und Tortenguss)
100 g Zucker
1 Esslöffel Speisestärke
1 Teelöffel Zimt
1 Päckchen roter Tortenguss
1 Becher süße Sahne
1 Päckchen Vanillezucker
1 Päckchen Sahnesteif

Zubereitung:

Aus den Teigzutaten einen Biskuit herstellen, ca. 20 Minuten backen. Abgezupfte Johannisbeeren einzuckern, gut durchziehen lassen. Danach Zucker, Speisestärke, Zimt mit $^1/_4$ l Saft der abgetropften Johannisbeeren verrühren und aufkochen, anschließend die Johannisbeeren untermischen. Diese abgekühlt gleichmäßig auf dem Biskuitboden verteilen. Nun den Tortenguss nach Packungsanweisung mit dem restlichen Saft zubereiten (evtl. noch etwas Wasser zufügen), über die Johannisbeeren geben. Sahne, Vanillezucker, Sahnesteif schlagen und den erkalteten Beerenkuchen hübsch verzieren.

BIRNENKUCHEN

Zutaten:
Teig:
150 g Mehl
1 Teelöffel Backpulver
50 g Zucker
1 Eigelb
50 g Butter

Belag:
2 Eiweiß
50 g Zucker
1 Päckchen Vanillezucker
2 Eigelb
50 g gemahlene Zartbitter-Schokolade
50 g abgezogene, gemahlene Mandeln
1 kleines Glas Preiselbeeren
1 Becher süße Sahne
1 Päckchen Vanillezucker
1 Päckchen Sahnesteif
1 Dose Birnen
etwas geraspelte Schokolade

Zubereitung:
Einen Mürbteig zubereiten, kaltstellen. Den Boden einer gefetteten Springform mit Back-Trennpapier auslegen, darauf den ausgewellten Teig geben. Im vorgeheizten Backofen bei 180 Grad 15 Minuten backen. Währenddessen die Mandelmasse herstellen. Eiweiß mit Zucker, Vanillezucker steif schlagen. Eigelb einrühren, Schokolade und Mandeln untermischen. Die Preiselbeeren auf den vorgebackenen Boden streichen, darüber die Mandelmasse gleichmäßig verteilen. In weiteren ca. 25 Minuten den Kuchen fertig backen. In der Form auskühlen lassen, danach das Back-Trennpapier entfernen. Sahne, Vanillezucker, Sahnesteif schlagen, diese über die erkaltete Mandelmasse streichen. Birnenhälften auf der Sahne dekorativ anordnen sowie die Mitte des Kuchens mit geraspelter Schokolade bestreuen.

Aprikosen-Mohnkuchen

150 g Butter schaumig schlagen.
Abwechselnd 100 g Zucker,
3 Eier dazugeben und mitrühren.
Nacheinander 1 Päckchen
backfertige Mohnfüllung,
100 g abgezogene, gemahlene Mandeln
sowie 80 g Mehl, welches mit
40 g Speisestärke und 1/2 Päckchen
Backpulver vermischt ist, einrühren.
Den Teig in eine gefettete
Springform füllen.
Darauf die abgetropften
Aprikosenhälften (1 Dose) legen.
Im vorgeheizten Backofen
bei 175 Grad ca. 55 Minuten backen.

ZITRONENKÜCHLEIN

Zutaten:

200 g Butter
200 g Zucker
4 Eier
Saft von 2 Zitronen
200 g Mehl
1/2 Päckchen Backpulver

Papierbackförmchen

Zubereitung:

Die Teigzutaten zu einem Rührteig verarbeiten. Den Teig in Papierbackförmchen füllen. Im vorgeheizten Backofen bei 180 Grad ca. 30 Minuten backen. Die Küchlein können nach dem Backen mit einer Zitronenglasur hübsch verziert werden. Hierfür Puderzucker und Zitronensaft zu einer dickflüssigen Glasur rühren oder eine Zitronenglasur nach Packungsanweisung im Wasserbad erhitzen. Auch ohne Glasur schmecken die ausgekühlten Zitronenküchlein gut, ebenso mit Puderzucker bestäubt.

ZWERGENKUCHEN VOM BACKHÄUSLE

Zutaten:

Teig:

250 g Mehl
1/2 Würfel Hefe
1/2 Teelöffel Zucker
1 Teelöffel Salz
1 Eigelb
50 g Butter
knapp 1/8 l Wasser

Belag:

500 g Lauch
400 g Champignons
etwas Öl
150 g gekochter Schinken
etwas Salz, Pfeffer, Curry
20 g Butter
1/2 Esslöffel Mehl
1/4 l Gemüsebrühe
125 g Camembert
2 Esslöffel Crème fraîche
1 Bund Petersilie
etwas Knoblauchsalz, Pfeffer

Zubereitung:

Einen Hefeteig herstellen. Für den Belag Lauchringe, blättrig geschnittene Champignons in heißem Öl kurz dünsten. Kleingewürfelten Schinken untermischen, gut würzen. Für die Soße Butter erhitzen. Mehl dazugeben, unter Rühren hellgelb anschwitzen, mit Gemüsebrühe ablöschen, ca. 5 Minuten kochen lassen. Die Soße vom Herd nehmen, Camembert-Würfel, Crème fraîche einrühren, feingehackte Petersilie zufügen und würzen. Den ausgewellten Teig in eine gefettete Kuchenform legen, darauf den abgekühlten Belag geben, mit Soße übergießen. Im vorgeheizten Backofen bei 200 Grad ca. 40 Minuten backen.

KUGELKRÄNZCHEN

Zutaten:
250 g Mehl
1/2 Päckchen Backpulver
1 1/2 Teelöffel Kräutersalz
50 g Butter
150 g geriebener Hartkäse
1 Ei
1/8 l Milch

etwas Sesam, Mohn, Kümmel, geriebener Hartkäse zum Bestreuen

Zubereitung:
Alle Teigzutaten zu einem Mürbteig verarbeiten, kaltstellen. Anschließend acht gleich große Kugeln formen, die Seiten und Oberflächen mit Milch bestreichen.

Diese nun in eine gefettete Springform kranzförmig dicht aneinander setzen (etwas Abstand zum Springformrand lassen). Über die Kugeln abwechselnd Sesam, Mohn, Kümmel und Käse streuen. Im vorgeheizten Backofen bei 200 Grad etwa 30 Minuten backen.

ÜBERBACKENE GEMÜSEBRÖTCHEN

Zutaten:
300 g Zucchini
1 gelbe Paprikaschote
6 Tomaten
etwas Olivenöl
250 g Mozzarella-Käse
1 Bund Petersilie
einige Basilikumblättchen
etwas Majoran und Thymian
etwas Knoblauchsalz
und Pfeffer
6 längliche Brötchen
etwas Butter

Zubereitung:
Zucchini, Paprika, Tomaten in kleine Würfel schneiden. Das Gemüse in heißem Öl kurz andünsten. Kleingewürfelter Mozzarella und feingehackte Kräuter untermischen, gut würzen. Alle Brötchenhälften mit Butter bestreichen, das Gemüse gleichmäßig darauf verteilen. Im vorgeheizten Backofen bei 200 Grad etwa 5 Minuten überbacken.

KÄSETÖRTCHEN

Zutaten:
225 g Tiefkühl-Blätterteig
2 Eier
220 ml Milch
200 g geraspelter Hartkäse
30 g Mehl
etwas Salz, Pfeffer und geriebene Muskatnuss

2 Pizzaformen-Backbleche für jeweils 12 Mini-Pizzas oder entsprechend andere kleine Förmchen

Zubereitung:
Die Blätterteig-Scheiben zum Auftauen auslegen. Währenddessen Eier, Milch verquirlen, Käse und Mehl unterrühren, gut würzen. Den Blätterteig auf einer bemehlten Arbeitsfläche dünn auswellen, Kreise von etwa 8 cm Ø ausstechen und in die ungefetteten Förmchen legen. Alle Teigböden mit einer Gabel einstechen, anschließend die Eiermasse hineingeben (etwa bis zu $^3/_4$ füllen). Im vorgeheizten Backofen bei 180 Grad ca. 15 Minuten backen, heiß servieren.

ZWERGENSTÜBCHENS BELLA ITALIA

1. Mini-Pizzas

Zutaten:

Teig:

250 g Mehl
1/2 Würfel Hefe
1/2 Teelöffel Zucker
1 Teelöffel Kräutersalz
1 Ei
100 ml lauwarme Milch
50 g Butter

Belag:

1/2 Becher Crème fraîche
1/2 Becher süße Sahne
2 Eier
1 Teelöffel Speisestärke
150 g geriebener Hartkäse
etwas Kräutersalz und Pfeffer
150 g Möhren
150 g Brokkoli
300 g Zucchini
2 Paprikaschoten
3 Pizzaformen-Backbleche
für jeweils 12 Mini-Pizzas

Zubereitung:

Aus den Teigzutaten einen Hefeteig herstellen. Diesen so lange gehen lassen bis er sich verdoppelt hat. Danach auf einer bemehlten Arbeitsfläche auswellen, Kreise von etwa 8 cm Ø ausstechen und in die gefetteten Förmchen legen. Für den Belag Crème fraîche, Sahne, Eier, Speisestärke, Käse, Gewürze verrühren.

Die Teigböden damit dünn bestreichen. Möhrenscheiben, Brokkoliröschen in Gemüsebrühe blanchieren. Abgekühlte Möhren, Brokkoli, Zucchinischeiben und Paprikastreifen auf den Teigböden anordnen, mit Kräutersalz bestreuen, restliche Sahnecreme darüber verteilen. Im vorgeheizten Backofen bei 220 Grad ca. 10 Minuten backen.

Erwartet man am Abend Gäste, empfiehlt es sich diese Mini-Pizzas (36 Stück) am Vormittag zuzubereiten, so müssen sie vor dem Essen nur noch kurz aufgebacken werden. Falls keine Pizzaformen-Backbleche vorhanden sind, reicht die Teigmenge genau für ein Backblech. Natürlich können die Gemüsesorten auf den Mini-Pizzas beliebig verändert bzw. variiert werden u.a. mit feingeschnittenem Schinken oder dünnen Salamischeiben, blättrig geschnittenen Pilzen, Thunfischstückchen, Ei-Scheiben.

2. Grün-Rote Pizza

Zutaten:
Teig:
250 g Mehl
1/2 Würfel Hefe
1/2 Teelöffel Zucker
1 Teelöffel Kräutersalz
1/8 l lauwarme Milch
4 Esslöffel Olivenöl

Belag:
1 Bund Petersilie
einige Blättchen Basilikum
etwas Kräutersalz
2 Esslöffel Olivenöl
3/4 Becher Crème fraîche
100 g geriebener Hartkäse
400 g Zucchini
4 Tomaten
2 grüne Paprikaschoten
1/2 Zwiebel
30 g geriebener Hartkäse

Zubereitung:
Alle Teigzutaten zu einem Hefeteig verarbeiten. Diesen so lange gehen lassen bis er sich verdoppelt hat. Danach auf einer bemehlten Arbeitsfläche auswellen und auf ein gefettetes Backblech legen. Für den Belag zuerst die Kräuter fein hacken, mit Kräutersalz und Olivenöl mischen. Auf den Teigboden Crème fraîche streichen, Käse gleichmäßig darüberstreuen. Nun mit Zucchini-, Tomatenscheiben, Paprikastreifen, Zwiebelringen belegen, darauf den Käse sowie die Öl-Kräuter verteilen. Die Grün-Rote Pizza im vorgeheizten Backofen bei 200 Grad ca. 30 Minuten backen.

3. Würstchen-Pizza

Zutaten:
Teig:
200 g Mehl
1/2 Würfel Hefe
1/2 Teelöffel Zucker
1 Teelöffel Kräutersalz
1 Teelöffel Oregano
100 ml lauwarmes Wasser
1 Esslöffel Olivenöl
50 g Butter

Belag:
etwas Olivenöl
100 g geriebener Hartkäse
8 Cocktail-Würstchen
1 Glas geschnittene Champignons (ca. 500 g)
7 Cocktail-Tomaten
1 grüne Paprikaschote
etwas Kräutersalz und Pizzagewürz
20 g geriebener Hartkäse

Zubereitung:
Aus den Teigzutaten einen Hefeteig zubereiten. Diesen so lange gehen lassen bis er sich verdoppelt hat. Danach auf einer bemehlten Arbeitsfläche rund auswellen und in eine gefettete Kuchen- oder Pizzaform legen.

Den Teigboden mit Olivenöl dünn bestreichen, Käse darüber verteilen. Darauf die Würstchen (vorher der Länge nach halbieren) sowie Champignons, Tomaten, Paprikastreifen anordnen. Anschließend mit den Gewürzen und dem Käse bestreuen. Im vorgeheizten Backofen bei 200 Grad ca. 30 Minuten backen.

OLIVEN
OEL
MEHL
OREGA
NO

HEIDELBEERKUCHEN

Zutaten:

Teig:

250 g Mehl
$^1/_2$ Teelöffel Backpulver
50 g gemahlene Haselnüsse
80 g Zucker
1 Päckchen Vanillezucker
2 Eigelb
100 g Butter
2 Esslöffel Crème fraîche

Belag:

2 Gläser Heidelbeeren
1 $^1/_4$ Becher süße Sahne
80 g Zucker
1 Päckchen Vanillezucker
150 g gemahlene Haselnüsse
Semmelbrösel

Zubereitung:

Aus den Teigzutaten einen Mürbteig zubereiten, kaltstellen. Den ausgewellten Teig in eine gefettete Kuchenform legen, Semmelbrösel darüberstreuen und mit den gut abgetropften Heidelbeeren belegen. Sahne, Zucker, Vanillezucker, Haselnüsse verrühren, auf den Heidelbeeren gleichmäßig verteilen. Im vorgeheizten Backofen bei 200 Grad ca. 50 Minuten backen. Der ausgekühlte Heidelbeerkuchen kann noch mit Puderzucker bestäubt werden.

APFEL-STREUSELKUCHEN

Zutaten:

Teig:

300 g Mehl
1 Teelöffel Backpulver
100 g Zucker
1 Ei
125 g Butter
1 Esslöffel Wasser

Belag:

1,5 kg Äpfel
etwas Zucker und Zimt
80 g kalte Butter
80 g Zucker
1 Päckchen Vanillezucker
125 g Mehl
Semmelbrösel

Zubereitung:

Einen Mürbteig zubereiten, kaltstellen. Für den Belag die geschälten Äpfel vierteln, das Kerngehäuse herausschneiden. Diese Apfelviertel halbieren, mit Zucker, Zimt vermischen, etwa 30 Minuten durchziehen lassen. Währenddessen Streusel zubereiten. Butterstückchen, Zucker, Vanillezucker, Mehl verkneten und zu Streusel zerkrümeln, kaltstellen. Nun den ausgewellten Teig auf ein gefettetes Backblech legen, mit Semmelbrösel bestreuen. Die Äpfel dicht nebeneinander (Rundung nach oben) leicht in den Teig drücken. Streusel über dem Kuchen verteilen. Im vorgeheizten Backofen bei 200 Grad ca. 40 Minuten backen.

ZWETSCHGENKUCHEN

Zutaten:

Teig:

300 g Mehl
$^{1}/_{2}$ Würfel Hefe
50 g Zucker
1 Eigelb
125 ml lauwarme Milch
80 g Butter

Belag:

750 g Quark
5 Esslöffel Crème fraîche
130 g Zucker
1 Päckchen Vanillezucker
1 Esslöffel Speisestärke
50 g gemahlene Mandeln
1 kg Zwetschgen
etwas Zucker und Zimt
1 Becher süße Sahne
2 Esslöffel Zucker
2 Eigelb
1 Esslöffel Speisestärke
2 Eiweiß

Zubereitung:

Einen Hefeteig herstellen, 15 Minuten gehen lassen. Den ausgewellten Teig in eine gefettete Kuchenform legen. Quark, Crème fraîche, Zucker, Vanillezucker, Speisestärke, Mandeln vermischen, auf dem Teigboden gleichmäßig verteilen. Die entsteinten Zwetschgen dicht nebeneinander (fast senkrecht) anordnen, mit Zucker, Zimt bestreuen. Steifgeschlagene Sahne, Zucker, Eigelb, Speisestärke verrühren, Eischnee unterziehen, über die Zwetschgen geben. Im vorgeheizten Backofen bei 200 Grad ca. 1 Stunde backen, weitere 10 Minuten im ausgeschalteten Backofen stehen lassen. Den Kuchen erst nach dem Erkalten aus der Form nehmen.

ZWIEBACK-KIRSCHKUCHEN

Zutaten:

Teig:

250 g Mehl
1 Messerspitze Backpulver
80 g Zucker
1 Ei
125 g Butter
1 Esslöffel Wasser

Belag:

120 g gemahlener Zwieback
3 Gläser Kirschen
3 Eigelb
150 g Zucker
1 Teelöffel Zimt
250 g Crème fraîche
3 Eiweiß

Hülsenfrüchte zum Blindbacken

Zubereitung:

Einen Mürbteig zubereiten, kaltstellen. Den ausgewellten Teig in eine gefettete Kuchenform geben. Den Teigboden mit Pergamentpapier abdecken, Hülsenfrüchte darauf legen. Im vorgeheizten Backofen bei 200 Grad 15 Minuten blind backen. Danach Papier und Hülsenfrüchte entfernen. Die Hälfte des Zwiebackmehls auf dem Boden verteilen, abgetropfte Kirschen darüber geben, mit dem zuvor zubereiteten Guss abdecken. Für diesen Eigelb, Zucker, Zimt schaumig schlagen. Anschließend Crème fraîche, restliches Zwiebackmehl vorsichtig einrühren, den Eischnee unterziehen. In ca. 45 Minuten fertig backen.

SPINATKUCHEN

Zutaten:

Teig:
250 g Mehl
1/2 Teelöffel Backpulver
125 g Butter
1 1/2 Teelöffel Knoblauchsalz
1 Ei

Belag:
600 g Tiefkühl-Blattspinat
200 g Lauch
1 Zwiebel
1 Bund Petersilie
einige Blättchen Basilikum
etwas Butter
etwas Knoblauchsalz, Pfeffer, Curry, geriebene Muskatnuss
100 g geriebener Hartkäse
2 Eier
4 Esslöffel süße Sahne
1 Teelöffel Speisestärke
etwas Kräutersalz, Pfeffer und Curry

Zubereitung:

Alle Teigzutaten zu einem Mürbteig verarbeiten, kaltstellen. Währenddessen den Belag zubereiten. Spinat auftauen, gut ausdrücken, mit Lauchringen, kleingeschnittener Zwiebel sowie feingehackten Kräutern in heißer Butter andünsten und würzen. Den Teig auf einer bemehlten Arbeitsfläche auswellen, in eine gefettete Kuchenform legen. Im vorgeheizten Backofen bei 200 Grad ca. 15 Minuten vorbacken. Anschließend den Boden mit geriebenem Käse bestreuen, die Spinatmasse darauf verteilen. Eier, Sahne, Speisestärke, Gewürze verquirlen und über den Spinatkuchen gießen. Bei 220 Grad in etwa 30 Minuten fertig backen.

ZWIEBEL-KÄSEKUCHEN

Zutaten:

Teig:
300 g Mehl
$^{1}/_{2}$ Würfel Hefe
$^{1}/_{2}$ Teelöffel Zucker
1 Teelöffel Salz
1 Ei
$^{1}/_{8}$ l lauwarme Milch
50 g Butter

Belag:
800 g Zwiebeln
100 g durchwachsener Speck
50 g Butter
etwas Salz, Pfeffer
und Kümmel
150 g geriebener Hartkäse
$^{3}/_{4}$ Becher Crème fraîche
1 Teelöffel Speisestärke

Zubereitung:

Aus den Teigzutaten einen Hefeteig herstellen. Diesen so lange gehen lassen bis er sich verdoppelt hat. Währenddessen den Belag zubereiten. Feingehobelte Zwiebeln sowie kleingewürfelter Speck in heißer Butter glasig dünsten, gut würzen. Den Teig auf einer bemehlten Arbeitsfläche auswellen und in eine gefettete Kuchenform legen. Die abgekühlte Zwiebel-Speckmasse auf den Teigboden geben, mit Käse bestreuen. Crème fraîche und Speisestärke verrühren, über dem Kuchen gleichmäßig verteilen. Im vorgeheizten Backofen bei 200 Grad etwa 25 Minuten backen.

SAUERKRAUT-KARTOFFELKUCHEN

Zutaten:

Teig:
250 g Mehl
1 Messerspitze Backpulver
1/2 Teelöffel Salz
125 g Butter
4 Esslöffel Wasser

Belag:
100 g durchwachsener Speck
1 Zwiebel
etwas Butter
400 g Sauerkraut
150 g gekochte Kartoffeln
etwas Salz, Pfeffer, Kümmel und Majoran
2 Becher süße Sahne
3 Eier
etwas Salz und geriebene Muskatnuss

Zubereitung:
Alle Teigzutaten zu einem Mürbteig verarbeiten, kaltstellen. Währenddessen Speck- und Zwiebelwürfel in heißer Butter glasig dünsten. Das Sauerkraut, sowie die kleinwürfelig geschnittenen Kartoffeln kurz mitdünsten, gut würzen.

Den Teig auf einer bemehlten Arbeitsfläche auswellen, in eine gefettete Kuchenform legen. Auf dem Teigboden den etwas abgekühlten Belag gleichmäßig verteilen. Im vorgeheizten Backofen bei 190 Grad 10 Minuten vorbacken. Sahne, Eier, Gewürze verquirlen, über den Kuchen gießen und in weiteren etwa 40 Minuten fertig backen.

LAUCHKUCHEN

Zutaten:

Teig:

225 g Mehl
1 Messerspitze Backpulver
1/2 Teelöffel Salz
125 g Butter
1 Ei

Belag:

100 g durchwachsener Speck
etwas Butter
1 kg Lauch
etwas Salz, Pfeffer und Curry
2 Eier
1 Becher Crème fraîche
etwas Salz, Pfeffer und geriebene Muskatnuss
75 g geriebener Hartkäse

Zubereitung:

Aus den Teigzutaten einen Mürbteig zubereiten, kaltstellen. In der Zwischenzeit kleingewürfelten Speck in heißer Butter leicht anbraten. Den in Ringe geschnittenen Lauch zufügen, etwa 10 Minuten mitdünsten (dabei immer wieder umrühren), gut würzen. Den Teig auf einer bemehlten Arbeitsfläche auswellen und in eine gefettete Springform legen. Auf dem Teigboden die abgekühlte Lauchmasse gleichmäßig verteilen. Eier, Crème fraîche, Gewürze verquirlen, über den Belag geben und mit Käse bestreuen. Im vorgeheizten Backofen bei 200 Grad ca. 30 Minuten backen.

EIERKUCHEN

Zutaten:

Teig:
225 g Mehl
1 Messerspitze Backpulver
etwas Knoblauchsalz
100 g Butter
1 Ei
4 Esslöffel Wasser

Belag:
3 Zwiebeln
etwas Butter
5 Eier
1 Esslöffel Speisestärke
$^{3}/_{4}$ Becher Crème fraîche
etwas Knoblauchsalz,
Pfeffer und Curry
100 g geriebener Hartkäse
$^{1}/_{2}$ Bund Petersilie
$^{1}/_{2}$ Bund Schnittlauch
200 g roher Schinken
400 g Champignons

Zubereitung:
Einen Mürbteig zubereiten, kaltstellen. Für den Belag Zwiebelwürfel in heißer Butter glasig dünsten, abkühlen lassen. Eier, Speisestärke, Crème fraîche verquirlen, gut würzen. Käse, feingehackte Petersilie, Schnittlauchröllchen und Zwiebelwürfel untermischen.

Den Teig auf einer bemehlten Arbeitsfläche auswellen, in eine gefettete Kuchenform legen. Schinkenwürfel, blättrig geschnittene Champignons gleichmäßig auf dem Teigboden verteilen, die Eiermasse darüber geben. Nun im vorgeheizten Backofen bei 200 Grad ca. 45 Minuten backen.

ZWERGEN-PETERLE

Zutaten:

Teig:

300 g Mehl
1/2 Würfel Hefe
1/2 Teelöffel Zucker
1 Teelöffel Salz
1/8 l lauwarme Milch
100 g Butter

Belag:

3 Becher Schmand
300 g Petersilie (Peterle)
etwas Salz

Zubereitung:

Einen Hefeteig herstellen und diesen so lange gehen lassen bis er sich verdoppelt hat. Anschließend den ausgewellten Teig auf ein gefettetes Backblech legen. Etwas Schmand über den Teigboden streichen. Kleingeschnittene Petersilie mit restlichem Schmand verrühren und würzen. Die Masse auf dem Teigboden verteilen. Im vorgeheizten Backofen bei 220 Grad ca. 30 Minuten backen.

SCHINKENKUCHEN

Zutaten:

Teig:

200 g Mehl
1 Messerspitze Backpulver
1/2 Teelöffel Knoblauchsalz
100 g Butter
5 Esslöffel Wasser

Belag:

200 g roher Schinken
100 g geriebener Hartkäse
350 g Tomaten
1/2 Bund Petersilie, einige Blättchen Basilikum und Majoran
etwas Kräutersalz und Pfeffer
2 Eier
1/2 Becher süße Sahne
1 Teelöffel Kräutersalz und etwas Pfeffer
1 Teelöffel Speisestärke

Zubereitung:

Einen Mürbteig zubereiten, kaltstellen. Den ausgewellten Teig in eine gefettete Kuchenform legen. Nacheinander Schinkenwürfel, Käse, Tomatenscheiben auf dem Teigboden verteilen, mit feingehackten Kräutern bestreuen, würzen. Eier, Sahne, Gewürze, Speisestärke verquirlen, über den Belag gießen. Im vorgeheizten Backofen bei 200 Grad ca. 25 Minuten backen.

GRÜNER KUCHEN

Zutaten:

Teig:

200 g Mehl
$^1/_2$ Teelöffel Backpulver
1 Teelöffel Kräutersalz
180 g Quark
180 g Butter

Belag:

400 g Tiefkühl-Blattspinat
250 g Brokkoli
150 g gekochter Schinken
etwas Knoblauchsalz
1 Becher Crème fraîche
4 Eier
150 g geriebener Hartkäse
1 Bund Petersilie und einige Basilikumblättchen
etwas Kräutersalz, Pfeffer, Majoran und geriebene Muskatnuss

Zubereitung:

Die Zutaten zu einem glatten Teig kneten, kaltstellen. Spinat auftauen, gut ausdrücken. Brokkoliröschen blanchieren, abtropfen lassen. Den ausgewellten Teig in eine gefettete Kuchenform legen. Danach Schinkenwürfel und abgekühlte Brokkoliröschen auf dem Teigboden verteilen, würzen. Nun Crème fraîche mit den Eiern verquirlen. Käse, feingehackte Kräuter, Gewürze, kleingeschnittener Spinat zufügen, gut untermischen und über das Gemüse geben. Im vorgeheizten Backofen bei 200 Grad ca. 40 Minuten backen.

GEFÜLLTES BLÄTTERTEIG-GEBÄCK

Zutaten:
1 Zwiebel
400 g Champignons
1 Bund Petersilie
etwas Butter
etwas Kräutersalz und Pfeffer
200 g gekochter Schinken
200 g Gouda-Käse
450 g Tiefkühl-Blätterteig
1 Ei

Zubereitung:
Kleingewürfelte Zwiebel, blättrig geschnittene Champignons, feingehackte Petersilie in heißer Butter andünsten, würzen, abkühlen lassen. Schinken-, Käsewürfelchen untermischen. Aufgetauten Blätterteig dünn auswellen, in Rechtecke von etwa 10 x 12 cm schneiden. Teigränder mit leicht geschlagenem Eiweiß bestreichen.

Jeweils auf die untere Hälfte jedes Rechtecks etwas von der Füllung geben, die obere Hälfte darüber klappen, die Teigränder dabei fest andrücken. Das Gebäck auf ein kalt abgespültes Backblech legen, die Oberfläche mit Wasser verquirltem Eigelb bestreichen. Im vorgeheizten Backofen bei 200 Grad etwa 20 Minuten backen.

SÜSSE WÖLKCHEN

Weiße Wölkchen

Grundrezept
Zutaten:
2 Eiweiß
125 g Puderzucker

Zubereitung:
Eiweiß zu steifem Schnee schlagen. Die Hälfte des Zuckers langsam einrühren. Anschließend den restlichen Zucker leicht untermischen. Danach die Schaummasse in einen Spritzbeutel füllen und Wölkchen auf ein mit Back-Trennpapier ausgelegtes Backblech spritzen. Diese im vorgeheizten Backofen bei 100 Grad ca. 2 Stunden trocknen lassen.

Rosa Wölkchen

Zutaten und Zubereitung nach dem Grundrezept. In die weiße Schaummasse etwas rote Speisefarbe einrühren.

Himmelblaue Wölkchen

Der weißen Schaummasse etwas blaue Speisefarbe zufügen.

Regenwölkchen

In die weiße Schaummasse zwei Esslöffel Kokosraspel geben, vorsichtig untermischen. Die getrockneten, ausgekühlten Wölkchen mit der im Wasserbad geschmolzenen Kuvertüre überziehen oder hübsch verzieren.

HEIDELBEER- UND KOKOSKÜCHLEIN

Zutaten:
100 g Butter
100 g Zucker
2 Eier
200 g Mehl
1/2 Päckchen Backpulver
1 Becher Schmand
200 g Heidelbeeren

Papierbackförmchen

Zubereitung:
Butter schaumig schlagen. Abwechselnd Zucker, Eier dazugeben, gut rühren. Mehl und Backpulver vermischen, löffelweise mit dem Schmand in die Schaummasse einrühren. Zum Schluss Heidelbeeren unterheben. Den Teig in Förmchen füllen. Im vorgeheizten Backofen bei 180 Grad ca. 25 Minuten backen.

Zutaten:
120 g Butter
200 g Zucker
3 Eier
225 g Mehl
1/2 Päckchen Backpulver
300 ml Buttermilch
100 g Zartbitter-Schokolade
100 g Kokosraspel

Papierbackförmchen

Zubereitung:
Alle Teigzutaten zu einem Rührteig verarbeiten. Zum Schluss die im Wasserbad geschmolzene Schokolade und Kokosraspel einrühren. Nun den Teig in Förmchen füllen. Im vorgeheizten Backofen bei 180 Grad etwa 35 Minuten backen.

Da die Küchlein leicht auseinander laufen, sollten die Papierförmchen in Muffin-Backformen gestellt werden. Besonders gut schmecken die ausgekühlten Küchlein, wenn man sie dünn mit erwärmter Aprikosen-Marmelade bestreicht und Kokosraspel darüber streut.

HERZ FÜR FREUNDE

Zutaten:

Teig:
250 g Mehl
1/2 Päckchen Backpulver
1 Teelöffel Kräutersalz
125 g Quark
1 Ei
4 Esslöffel Öl
1 Esslöffel Wasser

Belag:
250 g Quark
200 g Frischkäse
1/4 Becher Crème fraîche
etwas Knoblauchsalz,
Paprika und Pfeffer

Dekoration:
Cocktailtomaten
Petersilie oder
Schnittlauch

Herz-Backform

Zubereitung:
Alle Teigzutaten zu einem glatten Teig kneten, auswellen und in eine gefettete Herzform legen. Im vorgeheizten Backofen bei 200 Grad ca. 30 Minuten backen. Für den Belag Quark, Frischkäse, Crème fraîche, Gewürze gut verrühren. Das ausgekühlte Kuchenherz mit etwa 1/3 der Quarkmasse bestreichen. Restliche Creme aufspritzen, Tomaten, Petersilie oder Schnittlauchröllchen als Dekoration anbringen. Der Belag kann beliebig verändert werden z.B. auf den Kuchenboden Schinkenwürfel streuen, Quarkschicht darüber geben, mit Salatgurkenscheiben, Paprikastreifen oder Kresse verzieren.

SÜSSES BACKEN:

PIKANTES BACKEN:

Hefeteig-Zubereitung

Mehl in eine Schüssel sieben. In die Mitte eine Mulde drücken, Hefe hineinbröckeln, etwas Zucker darüberstreuen. Hefe und Zucker mit etwas lauwarmer Milch glatt rühren, mit Mehl bestäuben. Die Schüssel mit einem Geschirrtuch abdecken. Den Vorteig ca. 15 Minuten gehen lassen.
Restliche Milch, weiche Butter, Zucker oder Salz, Eier dazugeben, zu einem glatten Teig kneten, so lange abschlagen bis er Blasen wirft, sich von der Schüssel löst und glänzt. Den Teig mit einem Tuch abdecken und bei Zimmertemperatur etwa 1 Stunde gehen lassen (bis er sich verdoppelt hat). Nochmals durchkneten, entsprechend dem jeweiligen Rezept weiterverarbeiten.

Biskuitteig-Zubereitung

Eigelb, lauwarmes Wasser, Zucker, Salz zu einer dicken, schaumigen Masse rühren. Das sehr steif geschlagene Eiweiß auf die Eigelbmasse geben. Darüber das mit Backpulver und Speisestärke vermischte Mehl sieben. Alles vorsichtig unter die Eigelbmasse ziehen. Den Teig in eine mit Pergamentpapier ausgelegte Springform füllen. Im vorgeheizten Backofen bei 175 Grad backen. Danach den Biskuit auf ein Kuchengitter legen, gut auskühlen lassen, anschließend das Pergamentpapier entfernen.
Weiterverarbeitet wird der Biskuit wie im Rezept angegeben.